Das Chemnitzer Märchenbuch

mit Illustrationen von Marian Kretschmer

Wim und die Teichjungfrau

von Michelle Ludwig

Das Märchen von der schönen Prinzessin Bellabel

von Werner Kempe

Das Wesen von Chemnitz

von Carolin Kaufhold

Das Teppichhexlein

von Christine Beyer

Der Wettbewerb und die Märchen

„Dein Chemnitz. Dein Märchen“ hieß ein Schreibwettbewerb, den die Stadt Chemnitz im Mai 2021 erstmals ausgerufen hatte und der 2022 und 2023 seine Fortsetzung fand. Denn klar war: Chemnitz hat das Zeug dazu, eine märchenhafte Kulisse zu sein. Viele Menschen hat diese Idee inspiriert.

Zahlreiche Texte wurden eingereicht, viele kreative, lustige, nachdenkliche und bezaubernde Geschichten sind entstanden. Die eindrucksvollsten hat eine fachkundige Jury ausgewählt. Sie sind in diesem Buch zu lesen.

Der Jury gehörten an:

Anne Gottschalk, Projektkoordinatorin und Mitarbeiterin der Pressestelle der Stadt Chemnitz

Hannah Schmuck, Gewinnerin des Märchenwettbewerbs der Stadt Chemnitz im Jahr 2022 und Autorin der Geschichte „Der magische Geschichtenturm“

Jana Wendt, stellvertretende Filialleiterin der Thalia Buchhandlung in der Galerie Roter Turm Chemnitz

Dr. Eugen Wenzel, Mitarbeiter an der Professur Neuere Deutsche und Vergleichende Literaturwissenschaft der TU Chemnitz

Ulrike Abraham, Geschäftsführerin der Claus Verlag GmbH

Inhalt

Michelle Ludwig

Wim und die Teichjungfrau

Eine sonderbare Begegnung

Die Sonne kitzelte Wims sommerbesprosste Nase, während er die vielen Boote beobachtete, die auf dem Schloßteich umhertrieben. Es war ein buntes Treiben aus mehrfarbigen Ruderbooten, übergroßen Flamingos und Schwänen. Irgendwo dort in einem schwankenden Schwan saßen auch Wims Eltern und seine kleine Schwester. Jule hatte die Bootsfahrt kaum erwarten können, während Wims Beine schon beim Gedanken an das dunkle, kühle Nass unter ihm zu schlottern begannen. Selbst die von den Eltern angebotene quietschorangefarbene Rettungsweste konnte ihn nicht dazu bewegen, einen Fuß in das Tretboot zu setzen. Also durfte er am Rand des Teiches warten, bis seine Familie die Fahrt beendet hatte.

Er hatte sich nah ans Ufer des Schloßteiches begeben und starrte in die Tiefe. Dunkle Gewässer hatten ihm noch nie behagt, zu viele seiner Alpträume drehten sich um unheimliche Wesen und Tentakel, die ihn auf den Grund zerrten. Trotzdem konnte er es nicht lassen, mit ausreichend Abstand das Wasser nach diesen Geschöpfen abzusuchen. Während Wim noch an Riesenkraken dachte, sah er plötzlich eine große Flosse die Oberfläche durchbrechen. Er zuckte zurück und rieb sich die Augen. Hatte er das gerade tatsächlich gesehen? Oder war es seine blühende Fantasie gewesen, die ihm einen Streich gespielt hatte? Er schob die Nase etwas weiter über das Wasser und linste nach unten. Wieder sah er etwas unter der Wasseroberfläche blitzen, und sollte er nicht völlig den Verstand verloren haben, war das, was er da sah, viel größer als jeder Fisch, den Wim je gesehen hatte. Ohne zu überlegen trat er noch einen Schritt nach vorne, um etwas mehr erkennen zu können und … trat ins Leere. Wim ruderte panisch mit den Armen und versuchte, irgendwo Halt zu finden, jedoch zwecklos … Mit einem lauten „Platsch“ landete er Gesicht voran im Schloßteich.

Das kalte Wasser schlug über seinem Kopf zusammen und lief ihm in Nase und Ohren. Doch plötzlich wurde er gepackt und mit übermenschlicher Kraft zurück ans Ufer geschleudert. Hustend, prustend und armselig dreinblickend wie ein nasser Hund, hielt Wim nach seinem Retter Ausschau.

„Geht es dir gut?“ Die melodische Stimme kam direkt aus dem Schloßteich. Wim richtete sich auf. Das konnte doch nicht sein ...? Aber es war so ... Mitten im Schloßteich schwamm eine junge Frau. Ihre Haut an Gesicht und Schultern war dunkel, ab der Brust war sie mit grün glänzenden Schuppen überzogen. Langes schwarzes Haar umrahmte ihr eindrucksvolles Gesicht, und man konnte trotz ihrer Nässe die wilden Locken erahnen.

„Wer bist du?“ Wims Stimme klang mutiger, als er sich fühlte.

„Mein Name ist Esme und ich bin eine Meerjungfrau.“

Wim zweifelte nun ernsthaft an seinem Verstand. War er vielleicht eigentlich noch im Schloßteich und am Ertrinken? War das eine Halluzination aufgrund des Sauerstoffmangels? Aber wenn dem so wäre, würde er dann wirklich die Kälte der nassen Kleidung auf seiner Haut spüren? So unglaublich es schien, das passierte wohl wirklich.

„Aber was treibst du denn dann im Schloßteich? Eine MEER-Jungfrau lebt doch im Meer, sonst wärst du ja eine TEICH-Jungfrau.“

Eigentlich wollte Wim nur lustig sein, um seine Unsicherheit zu überspielen, aber die Augen der Meerjungfrau wurden traurig.

„Das ist eine wirklich lange Geschichte, aber wenn du willst, kann ich sie dir erzählen.“

Wim hielt Ausschau nach seiner Familie. Ganz am anderen Ende des Teichs konnte er Jules rotes Käppi erahnen, und sonst schien kein Mensch in ihrer Nähe zu sein. Er rutschte ein wenig näher ans Ufer und nickte Esme aufmunternd zu.

„Ich komme aus der Nordsee. In der Nähe von Dänemark lebte ich zusammen mit meiner Familie, hatte eine sehr glückliche Kindheit und war völlig unbeschwert. Doch als ich älter wurde, bemerkte ich, dass meine Welt nicht so heil war, wie ich gedacht hatte. Es gab immer mehr Unfälle, bei denen sowohl Meermenschen als auch Meerestiere verletzt oder gar getötet wurden – durch den ganzen Müll, der sich auf dem Meeresgrund verfing. Wir haben versucht, das Unheil einzudämmen. Tag und Nacht hat das gesamte Meervolk die alten Plastikflaschen, Textilreste und sonstigen Unrat eingesammelt und an Land zurückgebracht. Selbst die Seevögel haben geholfen! Aber es ist aussichtslos. Mit jedem Tag wurde neuer Müll ins Meer geworfen oder vom Ufer hinein gespült. Meine Familie sprach bereits davon zu fliehen und sich irgendwo anders ein neues Leben aufzubauen. Aber ich konnte doch nicht all meine Freunde zurücklassen – und niemand konnte uns versprechen, dass es woanders besser sein würde.

Eines nachts traf ich auf eine uralte Muschel. Sie hatte sich in einem Fischernetz verheddert und kam nicht mehr vom Fleck. Ich befreite sie. Wie zum Dank öffnete sich ihre Schale und die darin befindliche Perle begann zu singen:

„Suchst du Frieden und wünschst dir Glück,
dann schwimm von hier weg, schau nicht zurück.
Ein magischer Kelch, er wartet auf dich,
in einem Gewässer der Chemnitzer Mitte findet er sich.
Einst geschickt von einem Herren des Meeres,
verlor ihn dort ein Vogel, Teil seines Heeres.
Verlor ihn in der Stadt der Moderne;
nun gilt er als verschollen, da in der Ferne.
Mach dich nur auf und suche sein Leuchten.
Er ist nicht verschwunden, so wie einige deuchten.
Doch gib gut Acht, verändern kann er nur, was ist.
Der neuen Zukunft Herr du dann bist.“

Ich erkannte in diesem Lied die letzte Chance für unsere Meereswelt … unsere Heimat. Also verließ ich meine Familie und machte mich auf in diese Stadt, deren Namen ich noch nie zuvor gehört hatte. Auf meinem Weg traf ich immer wieder Reisende, Fische, Krebse, Plankton. Sie alle kannten ein Stück meines Weges. Alle halfen mir, die richtige Strömung zu wählen. Viele Tage und Nächte dauerte meine Reise über die Elbe und die Zwickauer Mulde an, doch endlich kam ich in den Strom des Flusses Chemnitz. Meine eigentliche Suche begann.

Aber bald schon musste ich einsehen, dass sich der Kelch nicht in dem Fluss befand und auch nicht im verbundenen Pleißenbach oder im Kappelbach. Wenn die Perle die Wahrheit gesprochen hatte, musste sich der Kelch in einem anderen Gewässer der Stadt befinden. Doch wie sollte ich dorthin gelangen?

Ich erinnerte mich an eine Erzählung meiner Großmutter: Wenn ein Meermensch in der Nacht zur Sommersonnenwende das Wasser verlässt, wachsen ihm für diese eine mondbeschienene Nacht Menschenbeine und er kann sich frei an Land bewegen. Noch nie hatte ich den Versuch gewagt, doch ich wusste, dass dieser besondere Tag bald bevorstand. Eine andere Chance hatte ich nicht, also wartete ich … und wartete. Sieben Tage und Nächte vergingen, bis die kühle Nachtluft mir zuflüsterte, dass die Zeit gekommen war. Ich stemmte mich aus der Chemnitz ans Ufer. Sofort umhüllte mich ein zauberhafter, starker Sog. Als der Wind sich verzogen hatte, war es tatsächlich geschehen: Anstelle meiner Flosse besaß ich nun zwei Beine. Nur leider war das wohl der leichteste Schritt gewesen, hatte ich doch nur eine Nacht Zeit und kannte mich in der Stadt nicht aus. Eine gute Stunde brauchte ich um herauszufinden, wie ich die zwei wackeligen Stelzen benutzen musste.

Als ich mich halbwegs sicher fortbewegen konnte, machte ich mich auf die Suche nach einem anderen Gewässer. Du musst wissen, ich habe eine sehr enge Beziehung zu Wasser: Ich höre es rufen, lachen, singen. Doch in der Stadt waren die flüssigen Stimmen so durcheinander, von allen Seiten rief es nach mir. Meine Verwirrung wurde immer größer, genau wie meine Verzweiflung, denn bei Tagesanbruch musste ich wieder im Wasser sein. Schließlich folgte ich den Rufen hierher, zum Schloßteich.

Seit fast einem Jahr schwimme ich hier nun meine Runden. Den Kelch habe ich noch immer nicht gefunden, die Sommersonnenwende steht wieder kurz bevor und ich weiß nicht, wo ich meine Suche fortsetzen soll."

Bei ihrem letzten Satz schossen Esme die Tränen in die Augen und sie sah beschämt weg. Wim schloss seinen Mund – ihm war erst jetzt aufgefallen, dass er wohl die ganze Zeit offen gestanden haben musste und er hoffte inständig, dass sich keine Fliege hinein verirrt hatte. Er starrte die schöne Meer-Fluss-Teich-Frau an und überlegte, wie er ihr helfen konnte. Dass die Meere immer schlimmer verschmutzten und die Unterwasserwelt darunter litt, hatte Wim von seinen Eltern und in der Schule schon mitbekommen, aber wenn er ehrlich zu sich war, hatte es ihn nie sonderlich interessiert. Im letzten Ostseeurlaub hatte er zwar den einzeln verteilten Müll am Strand gesehen, aber sich nicht dafür verantwortlich gefühlt. Er hatte ihn schließlich nicht dorthin geworfen. Aber jetzt ein so zauberhaftes Meereswesen kennenzulernen und seine Angst zu sehen, das öffnete ihm die Augen.

„Ich möchte dir so gerne helfen, ich kenne mich aus hier in Chemnitz! Vielleicht kann ich den Kelch für dich finden und ihn zu dir bringen!"

Esme lächelte. „Wie unglaublich gütig von dir! Aber ich fürchte, dass nur ein Meereswesen den Kelch an sich nehmen kann."

Wim überlegte angestrengt. „Und wenn ich herausfinde, wo er ist und dir zur Sommersonnenwende helfe, ihn zu erreichen?"

„Das ist eine ganz wunderbare Idee!! Würdest du das wirklich für mich, für uns tun?"

Wim nickte mit stolz geschwellter Brust, er war absolut bereit für dieses Abenteuer.

„Ich danke dir, kleiner Mensch!"

„Ähh, Wim, heiß ich!"

„Ich danke dir, Wim! Vielleicht hilft dir das Lied der Muschel bei deiner Suche. Dort heißt es: In einem Gewässer der Chemnitzer Mitte findet er sich. Grenzt das deine Suche ein wenig ein? Denn bis zur Nacht vor der Sommersonnenwende ist es nur noch ein Tag ... Morgen Nacht ist es soweit. Ich hoffe, du kannst bis dahin herausfinden, wo ...“

„Wiiiiiiihhhhiim!“

Die zwei Pläneschmieder zuckten zusammen. Hinter Wim war lautes Fußgetrampel zu hören. „Oh nein, meine Familie! Du musst schnell verschwinden. Ich finde dich, wenn ich Neuigkeiten habe!“

Er hätte es gar nicht aussprechen müssen. Noch bevor Jule nur in ihrer Nähe war, war Esme auf den Grund des Schloßteiches zurück getaucht.

Die Chemnitzer Gewässer

„Papa, sag mal, wo befindet sich eigentlich die Mitte von Chemnitz?“

Familie Faust saß beim Abendbrot. Jule, Mama und Papa hatten bis eben über ihre Bootstour auf dem Schloßteich gesprochen. Aber Wim hatte ihnen nicht zugehört, zu sehr war er mit seinen Erinnerungen an den Nachmittag beschäftigt. Und so fiel er seinem Papa unabsichtlich mit seiner Frage ins Wort. Der kratzte sich das stoppelige Kinn.

„Puhh, lieber Wim, das kann ich dir gar nicht genau sagen. Ich würde aber meinen, im Stadtzentrum. Warum wäre es sonst DAS Zentrum? Aber wieso willst du das wissen?“

Wim zuckte mit den Schultern. „Nur so“, sagte er und biss schnell von seinem Brot ab. Wo sollte denn in der Innenstadt ein Gewässer sein? Da kam ihm ein Gedanke: Vielleicht befand sich der Kelch im großen Brunnen gegenüber vom Roten Turm? Das musste es sein! Gleich nach der Schule am nächsten Tag würde er in die Stadt radeln, um im Brunnen nachzusehen. Ein anderes großes Gewässer gab es nicht in der Mitte von Chemnitz und so war die Lösung des Rätsels zum Greifen nah!

In der Nacht schlief Wim unruhig. Doch träumte er diesmal nicht von Ungeheuern unter der dunklen Wasseroberfläche, sondern von bunten Meermenschen, leuchtenden Algen und sprechenden Fischen.

Am Tag darauf war Dienstag, der 20. Juni 2023. Der Tag vor der Sommersonnenwende. Wim saß hibbelig auf seinem Stuhl, der Unterricht zog sich für ihn wie Kaugummi. Auch kurz vor den großen Ferien wollten die meisten Lehrer noch so viel Wissen wie möglich in die Kinder stopfen. Doch Wim konnte nur an eines denken: Er musste in die Innenstadt! Er musste den magischen Kelch finden, um Esme und ihre Familie und ja ... das ganze Meer retten zu können. Diese Aufgabe erfüllte sein Herz mit so viel Verantwortung, wie er noch nie vorher verspürt hatte. Er hatte zum ersten Mal das Gefühl, wirklich was bewirken zu können.

„... Und morgen machen wir an der Stelle mit Bruchtermen weiter. Habt einen schönen Nachmittag und vergesst bitte nicht eure Hausaufgaben im Arbeitsheft: Seite 10, Aufgabe 11 a und b."

Wim wusste schon, dass er die Hausaufgaben morgen nicht haben würde. Es wäre das erste Mal in seiner Schullaufbahn und der Lehrer würde ihm sicherlich verzeihen, auch wenn er ihm seine Geschichte bestimmt nicht glauben würde. Gemeinsam mit seinen Klassenkameraden stürmte er aus dem Schulgebäude ins Warme. Wim rief seinen Freunden einen kurzen Gruß zu, achtete nicht auf die verdatterten Gesichter und sprang auf sein Fahrrad. In Windeseile radelte er von der Schule in die Innenstadt, über den belebten Brühl, am Theaterplatz und Opernhaus vorbei. Als er am grimmig dreinblickenden Karl-Marx-Kopf vorbeisauste, grüßte er ihn in Gedanken, wie er es immer tat, und bat ihn diesmal um Glück und Gelingen ihres Vorhabens. Das kurze Stück durch den Park hinter der Stadthalle schob er sein Rad und beobachtete den großen Brunnen am Roten Turm. Kurz ließ sich Wim von dem Anblick des beeindruckenden Turms mit der auffälligen Farbe ablenken, der bis vor 200 Jahren ein Gefängnis gewesen war. Ihm lief ein Schauer den Rücken runter, bei dem Gedanken, hinter den dicken roten Mauern eingesperrt zu leben. Er schüttelte den Kopf, um sich wieder auf seine Aufgabe zu fixieren. Doch je näher er dem Brunnen kam, desto weiter sank seine Hoffnung. Der Brunnen war von Menschen belagert. Große und kleine Füße suchten Abkühlung in dem nicht ganz sauberen Nass. Die Wahrscheinlichkeit, dass sich hier ein magischer Kelch befand, den vorher niemand entdeckt hatte, war äußert gering. Wim lehnte sein Fahrrad an eine Parkbank, krempelte sich die Hosenbeine hoch und stieg zu den anderen Menschen ins Wasser. Er musste zumindest nachsehen. Und so stiefelte er durch den Brunnen, suchte jeden Quadratzentimeter ab, schob mit den Füßen Müll beiseite und fand … nichts. Auch nicht auf der zweiten und dritten Ebene des Brunnens. Wim war so vertieft, dass er den kleinen Jungen gar nicht kommen sah. Er prallte mit großer Geschwindigkeit gegen ihn, Wim verlor das Gleichgewicht und landete mit dem Hosenboden voran im Wasser. Der Junge und einige andere lachten laut. Nass und entmutigt nahm Wim die Suche wieder auf.

Als seine Armbanduhr 18 Uhr zeigte, musste sich Wim eingestehen, dass er falsch gelegen hatte. Der Kelch war an einer anderen Stelle versteckt. Er hatte nun keine Zeit mehr, um weiter zu suchen, und hätte auch nicht gewusst, wo. In wenigen Stunden würde Esme sich in einen Menschen verwandeln und am Schloßteich auf ihn warten. Vielleicht konnte Wim ihr wenigsten helfen, indem er sie auf seinem Fahrrad mitnahm. So könnten sie schneller von einem Gewässer zum anderen kommen, schließlich hatten sie die ganze Nacht Zeit. Wim fasste neuen Mut und schnappte sich sein Fahrrad, um pünktlich zum Abendbrot zu Hause zu sein.

„Nanu, du bist aber nass!“, wunderte sich Mama, als Wim zur Tür reinkam.

„Jaaa, ich habe mich im Brunnen in der Innenstadt ein wenig abgekühlt. Es war so warm heute.“

Während Jule und die Eltern sich unterhielten, war Wim tief in Gedanken. Er überlegte, zu welchem Gewässer er und Esme zuerst fahren sollten. Gab es im Küchwald nicht noch einen kleinen Tümpel? Oder meinte das Lied vielleicht gar nicht wirklich die Chemnitzer Mitte? Dann könnte er auch zum Rabensteiner Stausee radeln… Das wäre ein ganz schönes Stück Weg, und das mit einer ausgewachsenen Meerjungfrau auf dem Gepäckträger … Wim griff noch ein drittes Mal in den Brotkorb. Wenn ihm so eine körperlich schwere Aufgabe bevorstand, wollte er wenigstens ordentlich gegessen haben.

Als es dämmerte, legte sich Wim voll angezogen ins Bett und zog sich die Decke fast bis zur Nasenspitze. Er musste warten, bis seine Eltern im Bett waren, bevor er sich leise rausschleichen konnte. Ein Glück, dass Mama und Papa meist so müde und kaputt

waren, dass sie nur kurz nach den Kindern auf dem Sofa einschliefen, bei laufendem Fernseher. Doch vorher kam Papa noch vorbei, um gute Nacht zu sagen. Wim zog die Bettdecke noch etwas höher, aus Angst, Papa könnte bemerken, dass er noch angezogen war.

„Na, Wimi, ist dir nicht ein bisschen warm, so zugedeckt?"

„Nein. Ich glaube ich habe mich heute beim Brunnen ein bisschen verkühlt!", log Wim schnell.

Papa zog die Augenbrauen hoch, aber hakte nicht weiter nach.

„Wegen deiner Frage von gestern Abend: Ich habe mich mal schlau gemacht. Tatsächlich ist das Chemnitzer Zentrum gar nicht der Mittelpunkt von Chemnitz. Das war früher einmal so. Aber durch die Eingemeindung von mehreren Ortschaften befindet sich der Mittelpunkt von Chemnitz jetzt bei der Paul-Gruner-Straße in Altchemnitz."

Wim riss die Augen weit auf und konnte seine Aufregung kaum verbergen. Papa war schon dabei den Raum zu verlassen, da rief er ihm hinterher: „Weißt du, ob es dort in der Nähe ein Gewässer gibt?"

Papa drehte sich in der Tür nochmal um. „Der Stadtparkteich ist dort ganz in der Nähe." Er schloss die Tür hinter sich und ließ Wim mit klopfendem Herzen zurück. Da war sie – DIE LÖSUNG.

Der magische Kelch

Wim konnte sich kaum noch im Bett halten, doch ausgerechnet heute dauerte es ewig, bis er aus dem Wohnzimmer Papas leises Schnarchen hörte. Als er leise aus seinem Zimmer kam, war es schon kurz vor Mitternacht. Wim schlich durch die Wohnung, umging geschickt die am schlimmsten knarzenden Dielen und schloss vorsichtig die Wohnungstür hinter sich. Draußen empfing ihn ein laues Lüftchen und der Mond schaute schon freundlich auf ihn herab. In Windeseile schwang er sich aufs Rad und düste Richtung Schloßteich. Die Straßen waren fast leer, kaum ein Mensch war unterwegs. War das Glück, oder lag hier schon ein gewisser Zauber in der Luft? Er fuhr an den Schillingschen Figuren vorbei, die in der Dunkelheit noch mystischer aussahen, überquerte die Brücke zur Schloßteichinsel und warf sein Fahrrad ins Gras, in etwa dort, wo er Esme das erste Mal getroffen hatte. Leise rief er nach der Meerjungfrau. Doch die Oberfläche des Teiches blieb dunkel und glatt. Selbst die Enten schienen schon zu schlafen.

„Esme? Ich bin's, Wim! Wo bist du?"

Endlich tauchte die schöne Frau vor ihm aus dem Wasser.

„Oh, wie gut, dass du da bist. Ich dachte schon, du kommst nicht mehr! Sag, hast du gute Neuigkeiten? Hast du den Kelch finden können?"

„Nicht direkt, aber ich glaube, ich weiß, wo er ist! Bis dahin ist es ein ganzes Stück und die Nacht ist kurz, wir müssen uns also beeilen!"

Während er das sagte, wurde Wim bewusst, dass er ja nicht nur zur zum Stadtparkteich fahren musste, sondern Esme dort auch den Grund des Teiches absuchen und den Kelch finden musste. Dann mussten sie es noch zurück zur Chemnitz schaffen, wenn Esme nicht ein weiteres Jahr im Stadtparkteich verbringen wollte. Ihm kamen Zweifel, ob dieses Vorhaben schaffbar war, aber dann vertrieb er die düsteren Gedanken. Esme stützte sich ans Ufer und zog sich an Land. Da vergaß Wim alles andere. So etwas Schönes hatte er noch nie gesehen. Esmes Fischschwanz war länger, als er es sich vorgestellt hatte. Er glitzerte und schimmerte in allen Farben des Grünspektrums.

„Wow, deine Flosse ist atemberaubend!“, flüsterte Wim. Doch bevor Esme antworten konnte, kam Wind auf, verwirbelte Blätter und Gräser und hüllte Esme ein. Wim taumelte zurück und schützte sein Gesicht mit den Händen. Als der Wind sich legte, war Esmes Schwanzflosse verschwunden, doch ihre Beine waren nicht weniger beeindruckend. Brustabwärts bis zu den Zehen war Esme weiterhin bedeckt von grün glänzenden Schuppen. Jetzt verstand Wim, wieso der Zauber nur nachts wirkte, am Tag konnte sich so kein Meermensch tarnen. Doch es blieb keine Zeit, Esmes Gestalt weiter zu bestaunen. Wim hob sein Fahrrad auf und setzte sich drauf.

„Komm schnell, du musst dich hier auf den Gepäckträger setzen, wir müssen los!“

Esme schaute Wims Fahrrad skeptisch an. Sie hatte die Menschen öfter auf solchen Gefährten beobachtet. Jetzt selbst auf einem herumzufahren, war ihr nicht geheuer. Doch sie hatte keine Wahl. Also tat sie, wie ihr geheißen und klammerte sich an Wim fest.

„Du musst die Beine schön oben halten und – huch!“

Als Wim den ersten Tritt in die Pedale machte, bewegte sich das Fahrrad erstaunlich leicht. Er hatte damit gerechnet, dass es sehr schwer werden würde, einen ausgewachsenen Meermenschen zu transportieren, doch Esme schien kaum etwas zu wiegen. Vielleicht bestand ihr Skelett doch nur aus dünnen Greten? Wim dachte nicht weiter darüber nach, sondern trat kräftig in die Pedale. Der Fahrtwind pfiff den beiden um die Ohren, während sie an der Innenstadt vorbei ein Stück die Annaberger Straße hinausfuhren und dann in dunklere Nebenstraßen abbogen. Sie erreichten den Stadtpark, der hier als schmales Band zwischen Häusern und Straße begann. Neben ihnen verlief in einer langen Bahn ein Fluss. Wim durchfuhr freudige Überraschung. DIE CHEMNITZ! Es würde ein Leichtes sein, Esme vom Stadtparkteich zurück zum Fluss zu bringen, der sie nach Hause führen würde. Hoffentlich in ein müllfreies Zuhause! Bitte lass den Kelch im Stadtparkteich sein, flehte Wim in Gedanken.

Es war mucksmäuschenstill zwischen den Bäumen; nur ein im Dunkeln verborgener Uhu störte die Ruhe mit seinen Rufen. Endlich erreichten sie den Stadtparkteich. Nur ein paar vereinzelte Wasserläufer wirbelten die stille dunkle Oberfläche auf. Der Mond schien direkt über ihnen und spendete wenigstens etwas Licht. In der Ferne schlug eine Uhr 1 Uhr. Wo war die Zeit nur hin? Wim überlegte, dass er wohl noch nie so lange wach gewesen war, doch er verspürte keine Müdigkeit, nur Aufregung und Anspannung.

„Was nun?“, flüsterte er Esme zu.

„Ich werde nun in den Teich gehen und nach dem Kelch suchen. Ich kann auch mit Beinen besser schwimmen als ihr Menschen und unter Wasser atmen, du musst dir keine Sorgen machen. Wenn der Kelch hier ist, werde ich ihn finden.“

Mit diesen Worten watete sie in ins Wasser und tauchte schließlich unter.

Obwohl der Teich nicht groß war, wusste Wim, dass es schwer würde, den gesamten Grund nach etwas so Kleinem wie einem Kelch abzusuchen. Er setze sich und lehnte sich an den Stamm der Trauerweide, dann wartete er. Und wartete. Es verging eine Stunde und noch eine weitere. Wims Augen wurden zwischendurch immer wieder schwer und fielen für einen kurzen Moment zu, bis er sie erschrocken aufriss, in der Angst, Esme zu verpassen. Auch Arme und Beine wurden ihm schwer. Vielleicht, wenn er sich nur ganz kurz ausruhen würde, nur kurz der Schwere nachgeben … Als die entfernte Uhr vier Mal schlug, fuhr Wim aus seinem kurzen Schlaf auf und schaute sich panisch um.

Der Himmel war bereits von hellen Streifen durchzogen, die Vögel kündigten zwitschernd den nahenden Morgen an. Wim sprang auf die Beine und rannte an den Rand des Teichs. „Esme!!" Seine Stimme spiegelte die wachsende Verzweiflung wider, die in Wims Brust wütete. „Esme!!" Doch der Teich blieb dunkel. Ihr musste etwas zugestoßen sein. Was sollte er nun tun? Er starrte in das dunkle Nass, das ihm sein Leben lang Angst gemacht und Alpträume beschert hatte. Aber er musste etwas tun … Bald würde die Sonne aufgehen, dann wäre Esme für ein weiteres Jahr hier gefangen, weit weg von ihrer Familie und ihren Freunden, die im Müll versanken.

Wim atmete tief ein, tief aus. Er straffte sich. Mit vorgerecktem Kinn und ohne weiter darüber nachzudenken, watete er in den Teich. Das Wasser war trotz der lauen Temperaturen außen eiskalt und es dauerte nur zwei Schwimmzüge, bis Wims Zähne klapperten. Aber jetzt gab es kein Zurück mehr. Er holte tief Luft und tauchte nach unten. Es war so dunkel, dass er kaum etwas sah. Er tauchte wieder auf und schwamm noch weiter in die Mitte des Teichs. „ESMEEEEEE!" Keine Antwort. „ESMEEEEE, wo bist du??" Da sah er Luftblasen aus dem Wasser aufsteigen. Das musste ein Zeichen sein! Er schwamm zu der Stelle, holte erneut tief Luft und tauchte ab. Unter Wasser versuchte er, die Augen offen zu halten. Immer wieder musste er blinzeln, seine Augen brannten. Aber was war das? Nur einen knappen Meter unter ihm sah er eine Bewegung, ein Schimmern. Er tauchte tiefer und noch ein Stück tiefer. Da war sie! Esme schwamm kurz über dem Grund, in ihrer Hand hielt sie einen leuchtenden Gegenstand. Der Kelch! Jetzt konnte Wim alles besser erkennen. Auf dem Grund des Teichs lag alles voller Müll. Dosen, ganze

Müllsäcke und ein ... ein altes Fußballtor? Das konnte doch nicht sein! Aber so war es und Esmes beschuppter Fuß hatte sich im Netz verfangen, so dass sie nicht mehr heraus an die Oberfläche kam. Langsam wurde Wim die Luft knapp, doch mit vereintem Ziehen und Zerren schafften sie es, Esme zu befreien. Sie griff Wim unter die Arme und gemeinsam trieben sie an die Oberfläche. Dort schnappte Wim nach Luft. So lange und tief war er noch nie getaucht. Eigentlich, so wurde ihm klar, war er überhaupt noch nie getaucht.

„Danke, kleiner Mensch! Danke, ohne dich wäre ich da nicht so schnell rausgekommen. Auch hier ist es für eure Wassertiere und auch für euch Menschen sehr gefährlich durch den vielen Müll."

Esme zog Wim ans Ufer. Seine Kräfte waren erschöpft. Drei Mal schlug die Uhr. 4.45 Uhr.

„Wir haben nur noch wenige Minuten!", keuchte Wim. „Du musst in den Fluss!"

Es war keine Zeit, den magischen Kelch zu bestaunen oder ihren Erfolg zu feiern. Sie mussten dafür sorgen, dass die Meerjungfrau schnellstmöglich ins richtige Gewässer kam. Das Fahrrad lag am anderen Ufer, also mussten sie rennen. Esme stolperte einige Male, aber zum Glück war der Weg nicht lang. Da lag der Fluss, der stetig floss. Im Licht der ersten Sonnenstrahlen ließ sich Esme hineingleiten. Keine Sekunde zu früh. Schon kam ein Rauschen auf, das Wasser um Esme begann zu sprudeln, und sie war wieder eine Meerjungfrau ... Nun ja, in dem Moment wohl eher eine Flussjungfrau. Das Gewässer war an dieser Stelle nicht tief, ihre Schwanzflosse war ganz deutlich zu sehen.

„Los, jetzt kannst du dir was wünschen!" Wim schaute begierig auf den goldschimmernden Kelch, erst jetzt hatte er die Zeit, ihn richtig zu betrachten. Er war schön, mit vielen filigranen Verzierungen und Schnörkeln. Aber das eigentlich Besondere war, dass der Kelch eine Kraft ausstrahlte, die nur magisch sein konnte. Einen kurzen Moment überlegte er, was er sich wohl wünschen würde ... Ein besseres Zeugnis? Ein größeres Zimmer? Eine Spielkonsole? Aber dann sah er das Glück in Esmes Gesicht und wusste, dass genau die richtige Person den Kelch gefunden hatte. Esme umklammerte ihn fest mit beiden Händen, schloss die Augen und flüsterte: „Ich wünsche mir, dass meine Heimat das Meer und alle Flüsse und Teiche, die ich auf meiner Reise durchschwommen habe, vom Müll und Dreck der Menschen befreit sind!"

Der Kelch begann zu beben, sein Strahlen wurde heller und heller, bis weder Wim noch Esme irgendetwas anderes erkennen konnten. Für einen kurzen Moment war alles weiß. Dann kamen Farben, Formen und Umrisse zurück und der Kelch schien alle Magie verloren zu haben.

„Hat es geklappt?“, flüsterte Wim.

„Da bin ich mir sicher, lieber Wim. Da bin ich mir sicher.“

„Was wird jetzt passieren? Wirst du nach Hause zurückkehren? Werde ich dich nie wiedersehen?”

Wim war froh, dass Esme ihr Ziel erreicht hatte, doch der nahende Abschied von dieser fantastischen Welt stimmte ihn traurig. Wie sollte er in sein einfaches, fast langweiliges Leben zurückkehren?

„Ja, ich schwimme zurück zu meiner Familie. Meine Aufgabe habe ich erfüllt. Aber die wahre Prüfung steht uns allen jetzt bevor, besonders euch Menschen. Es ist eine zweite Chance für euch! Eine dritte wird es nicht geben. Ich weiß jetzt, dass es umsichtige, mutige und schlaue Menschen gibt wie dich. Finde Gleichgesinnte, schützt das, was euch gerade geschenkt wurde.“

Wim griff sich ans Herz, er wollte diese Chance nutzen.

„Danke Esme, du hast nicht nur dein Meeresvolk gerettet, sondern uns alle!“

Die zwei ungewöhnlichen Freunde umarmten sich und Esme versprach, dass die beiden sich eines Tages wiedersehen würden.

Nachdem Esme dem Flusslauf entlang Richtung Heimat geschwommen war, schleppte Wim sich müde zu seinem Fahrrad. Was für ein großes Abenteuer, in so kurzer Zeit. Trotz all der Aufregung hatte er einen wichtigen Punkt begriffen: Auf jeden Einzelnen kam es an und jeder Tag war eine Chance, es besser zu machen! Er blinzelte in die Sonne. Ja, heute war ein guter Tag!

Ende

Werner Kempe

Das Märchen von der schönen Prinzessin Bellabel

Es war einmal vor nicht allzu langer Zeit, da lebte auf dem fernen Planeten Beta13 die schöne Prinzessin Bellabel. Doch sie war nicht nur schön, sondern auch sehr hochnäsig. Der König und die Königin hatten keine Zeit für eine gute Erziehung und gaben diese Aufgabe an den königlichen Hofdirektor Bellapotz ab. Über die guten Ratschläge des armen Mannes machte sich Prinzessin Bellabel nur lustig. Sie tat, was sie wollte. Das ging so, bis sie 250 Jahre alt wurde und damit ins heiratsfähige Alter kam – weil sich Beta13 viel schneller um die Sonne drehte als die Erde, entsprach das gerade einmal 20 Erdenjahren.

Schon lange hatte sich Bellabel darauf gefreut, einen schönen, stattlichen Prinzen zu heiraten. Und auch der ganze Hofstaat hatte auf diesen Zeitpunkt gewartet. Der Hofdirektor sehnte sich nach dem Ende seiner Verantwortung für das Benehmen der Prinzessin. Der König und die Königin wollten in den Ruhestand gehen, sie hatten das Regieren satt.

Schnell sprach sich auf Beta13 herum, dass die Prinzessin einen Mann suchte, und so machten sich alle Prinzen des kleinen Planeten auf den Weg zu ihr. Keiner von ihnen hatte sie je zuvor gesehen. Von den jährlichen Treffen aller Prinzessinnen und Prinzen hatte sich Bellabel immer ferngehalten. Denn bei diesen Treffen lernten die jungen Hoheiten auch, wie sie später die Beta13-Königreiche zu regieren hatten, und auf diese Belehrungen hatte Bellabel wahrlich keine Lust. Obwohl der Hofdirektor sich redlich mühte, sie in allem Notwendigen zu unterrichten, reichte es ihr, die Schönste zu sein.

13 Prinzen im heiratsfähigen Alter gab es auf Beta13. Sie alle reisten zum Schloss der Prinzessin. Bellabel war sehr geschmeichelt. Bequem räkelte sie sich in ihrem Sessel und rief einen nach dem anderen zu sich.

Doch mit keinem der 13 Prinzen kam ein Gespräch zustande. Bellabel, die nur Umgang mit ihren Untergebenen am Hofe pflegte, auf niemanden hörte und stets nur Anweisungen und Befehle erteilte, hörte niemandem zu, schnitt dem einen das Wort ab, machte sich über den anderen lustig. Zu allem Überfluss forderte sie von jedem der Prinzen den Bluttest. Der ging so: Jeder Prinz musste sich eine kleine Nadel in den Finger stechen. War der Blutstropfen blau, hatte der Prinz adeliges Blut und bestand den Test; Menschen aus dem Volk hatten gelbes Blut in ihren Adern.

Obwohl sie von bezaubernder Schönheit war, sorgten Bellabels Misstrauen und ihr überhebliches Gebaren für viel Unmut bei den Prinzen. Einer nach dem anderen verabschiedete sich wütend von ihr. Das ging so, bis nur noch der dreizehnte Prinz übrigblieb. Er hieß Bellapaul.

Bellapaul war vom Anblick der schönen Prinzessin Bellabel so überwältigt, dass er über ihre Garstigkeit hinwegsah. Bellapaul sagte sich, wer so schön aussah, musste auch im Inneren ein gutes Betaherz haben.

Doch es kam, wie es kommen musste: Auch für Bellapaul hatte Bel-

label nur schnippische Bemerkungen übrig. Zuletzt lachte sie ihn auch noch lauthals aus: Bellapaul war schmächtig und zudem einen Kopf kleiner als Bellabel! Nein, dieses Bellapaulchen wollte sie gleich gar nicht zum Manne nehmen!

Enttäuscht nahm Bellapaul seinen Mantel und wollte gehen, wie alle anderen Prinzen vor ihm. Da sagte der alte König, der heimlich das letzte Gespräch mit angehört hatte, in strengem Ton, der keinen Widerspruch duldete:

„Bellabel, ich bin sehr enttäuscht! Bellapaul ist der Jahrgangsbeste unter den Prinzen und du machst dich nur lustig über ihn. Dabei verehrt er dich, das sieht wohl jeder! In einer Woche wirst du mit Bellapaul vermählt!“

Bellabel war verzweifelt. Auf gar keinen Fall wollte sie den schmächtigen Bellapaul heiraten! Aber was konnte sie tun? Die zwölf anderen Prinzen hatte sie böse abblitzen lassen. Sie beschloss, vom Planeten Beta13 zu flüchten. Es musste doch irgendwo im Universum einen Prinzen geben, den sie lieben konnte!

Einen Ausflug vom Planeten zu starten war für die Bewohner kein Problem: Jeder Betanier13 besaß ein kleines Raumschiff und lernte schon als Kind, damit zu fliegen. Die Bedienung war einfach: Ein Bordcomputer führte alle Befehle aus.

So setzte sich Bellabel heimlich in ihr Raumschiff und legte mit ihrem Computer das Flugziel fest. Nur schnell musste es gehen!

„Ich suche einen Planeten – am besten Farbe Blau!“

Der Bordcomputer ratterte eine Weile. „Treffer! Ich habe einen gefunden, bewohnt von sogenannten Menschen. Die nennen ihren Planeten den Blauen Planeten. Sie sehen wie die Betanier aus, haben unterschiedliche Hautfarben, haben jedoch alle rotes Blut.“

„Schau trotzdem noch einmal genau hin: Prinzen, Prinzessinnen, blaues Blut! Schloss! Ach ja, eine Raketenstation zum Landen muss es geben.“

„Treffer mit hoher Ähnlichkeit“, verkündete der Computer.

„Fordere Details!“

„Der Ort heißt Chemnitz und deine Suchwörter haben hohe Ähnlichkeit ergeben. Es gibt eine Raketenstation: das ‚Kosmonautenzentrum‘ in einem Park namens ‚Küchwald‘.

Dort befinden sich auch ein ‚Schloßviertel', eine ‚Schloßkirche', ein ‚Schloßteich' und der ‚Schloßteichpark'. Nur ein Schloss habe ich nicht gefunden", zählte der Bordcomputer auf.

„Ach was! Wenn es ein Schlossviertel gibt, gibt es wohl auch ein Schloss darin", legte die Prinzessin schnippisch fest. „Aber was hast du über Prinzen herausgefunden? Antworte schnell! Ich muss hier weg!"

Der Computer brauchte eine Weile, obwohl er von der neuesten Generation war und einen Megaspeicher hatte. „Treffer mit hoher Ähnlichkeit. Im System steht, dass es in Chemnitz Prinzessinnen und Prinzen auf dem Eis gibt. Sie führen dort Märchen auf. Sie nennen sich Eisprinzessinnen und Eisprinzen", berichtete der Computer.

„Was sind Märchen?"

„Unbekannt auf Beta13", schnarrte der Bordcomputer. „Sie machen Aufführungen."

„Na das ist ja großartig. Aufführungen gibt es bei mir am Königshof auch. Hast du noch etwas über blaues Blut gefunden?"

„Nur einen Beitrag in einer Zeitung: Es wird vermutet, dass sie in Chemnitz beim Trainieren bestimmt blaues Blut in ihren Adern haben."

„Großartig!", jubelte Bellabel. „Auf nach Chemnitz!"

Der Bordcomputer berechnete die Flugdaten und Bellabel befahl den sofortigen Abflug von Beta13.

Nach einem langen Flug durchs Weltall mit Superhypermega-Geschwindigkeitsbeschleuniger bremste der Computer das Raumschiff kurz vor der Erde ab, sodass Bellabel den blauen Planeten bestaunen konnte. „Wunderschön", hauchte sie ans Fenster des Raumschiffes. „Hier finde ich mein Glück!"

Das Raumschiff flog nun Chemnitz an. Die Morgendämmerung hatte gerade eingesetzt. Ein riesiger Leuchtstab mit farbigen Lichtern wies ihnen den Weg.

„Oh, die Chemnitzer haben mir zu Ehren extra einen Begrüßungsstab für die Landung angezündet", rief Bellabel begeistert.

„Negativ", antwortete der Computer. „Das ist nur ein Schornstein. Er wird hier als

Lulatsch bezeichnet und stößt noch Rauch aus. Aber die Chemnitzer wollen das verbessern. Nur die Beleuchtung soll bleiben. Die Raketenstation befindet sich nur zufällig in der Nähe."

Schon erreichten sie die Lichtung im Küchwald, wo einige Raketen in Parkstellung standen. Neben der größten landeten sie. Der Bordcomputer schrumpfte das Raumgefährt auf die Minimalgröße ein, denn Bellabel wollte heimlich auf Prinzensuche gehen. Sicherlich wurde sie auf Beta13 bereits gesucht. Sie vermutete, dass sie einen Tag Vorsprung hatte, bevor ihr Fluchtziel bekannt würde. Ein Tag in Chemnitz genügt garantiert, dachte sie.

Dann sind sowieso alle Chemnitzer Prinzen in mich verliebt und ich kann den besten für mich aussuchen.

Ihr Beta-Taschennavigator wies Bellabel den Weg zum Eisstadion, das ganz in der Nähe lag. Sie lief durch den Küchwald und genoss die frühen und schon warmen Sonnenstrahlen. Am Eisstadion angelangt, staunte sie über die vielen Mädchen, die dort vor der Eingangstür standen und warteten.

„Seid ihr die Prinzessinnen auf dem Eis?", fragte Bellabel.

Die Mädchen schauten sich an und lachten. „Ähm ja, kann man so sagen."

„Oder auch nicht", antwortete ein Mädchen mit einer Schlittschuhtasche. „Wir wollen alle einmal eine Eisprinzessin werden. Deshalb trainieren wir schon früh morgens."

Bellabel war vom Fleiß der Mädchen überrascht. So zeitig wäre sie nicht aufgestanden.

„Gibt es auch Prinzen?", fragte sie hoffnungsvoll.

„Die kommen heute Nachmittag zum Training", antworteten die Mädchen und kicherten über Bellabels merkwürdige Fragen. „Komm doch einfach mit rein und schau zu."

Kurz darauf saß Bellabel in der Halle und schaute den Mädchen staunend beim Training zu. Sie konnte sich gar nicht satt sehen, so anmutig tanzten die angehenden Eisprinzessinnen mit einer wunderschönen Musikbegleitung über das Eis. Märchen müssen wir auf Beta13 unbedingt einführen, dachte sie. Das wird meine erste Amtshandlung, wenn ich Königin bin. Nur die Hofdirektorin auf dem Eis gefiel ihr nicht. Die war genauso streng wie ihr Hofdirektor Bellapotz auf Beta13 und gab Anweisungen, was die Prinzessinnen noch besser machen könnten. Doch die Eisprinzessinnen schien es nicht zu stören. Beeindruckt schlich Bellabel aus der Eishalle – es wurde ihr zu kalt. Eine solche Kälte kannte sie nicht von Beta13. Zum ersten Mal verspürte sie ein wenig Heimweh.

Es war noch Zeit, bis die Eisprinzen kamen. Bellabel beschloss, Schloßchemnitz zu erkunden. Natürlich wollte sie auch das Schloss aufsuchen. Es dauerte gar nicht lange und sie hatte die Schloßkirche erreicht. Von dort konnte sie den großen Schloßteich sehen, mit Booten, in denen Menschen saßen und Kindern, die Eis aßen. Die haben ja richtig viel Spaß, dachte Bellabel. Der Anblick machte ihr Freude.

„Wo befindet sich denn hier das Schloss?“, fragte sie eine Frau, die neben ihr die schöne Aussicht bewunderte.

„Hier gibt es kein Schloss“, antwortete die Frau.

„Aber alles fängt hier mit Schloss an“, entgegnete Bellabel. „Schloßkirche, Schloßteichpark, Schloßteich ...“

Die Frau lachte. „Stimmt. Aber hier hat nie ein richtiges Schloss gestanden. Hier gab es mal einen Abt, der sich Kirche und Kloster so prächtig umbauen ließ, dass es die Leute an ein Schloss erinnerte. Du bist wohl nicht von hier?“

„Nein, ich bin nicht von hier“, murmelte Bellabel, die nur die Hälfte verstand. Was um Beta-Himmels-Willen war ein Abt? „Ich suche in Chemnitz einen Prinzen für mich aus.“

„Na, da hast du dir ja was vorgenommen, viel Glück!“, sagte die Frau und lachte schon wieder.

Als der Nachmittag nahte, stand Bellabel wieder vor der Eishalle. Sie konnte die Ankunft der Eisprinzen kaum erwarten. Den ersten Jungen, der zum Training kam, fragte sie sogleich, ob er Eisprinz werden wollte.

„Na klar!“, sagte der Junge. „Das will doch jeder hier.“

Der Junge war geblendet von der Schönheit der Prinzessin und gab sich größte Mühe, einen guten Eindruck zu machen. Aber Bellabel hatte nur ein Ziel: den Bluttest. Ehe sich der angehende Eisprinz versah, packte Bellabel seine Hand und stach ihn in den kleinen Finger. Der Junge riss seine Hand weg, aber Bellabel sah, wie ein kleiner Blutstropfen zur Erde fiel. Er war rot.

„Du bist gar kein richtiger Prinz!“, fauchte sie ihn an.

„Und du bist ganz schön komisch und gemein! Du spinnst wohl?!“, schrie der Junge und stapfte in die Eishalle.

So erging es an diesem Nachmittag allen Jungen, die zum Training wollten. Gemeinsam mit ihrem Trainer traten die Jungen vor die Halle, um Bellabel zu vertreiben. So etwas hatte sie noch nie erlebt! Sie rannte durch den gesamten Küchwald und setzte sich erschöpft auf eine Bank. Sie war verzweifelt. Was machte sie nur falsch, dass sie nicht einmal

auf der fremden Erde einen Prinzen für sich finden konnte? Jemand ließ sich neben sie auf die Bank sinken. Es war die Frau aus der Eishalle, die am Morgen die Mädchen angewiesen hatte, noch mehr zu trainieren.

„Bist du die Hofdirektorin für die Eisprinzessinnen?“, fragte Bellabel.

Die Frau schmunzelte. „Für das Märchen auf dem Eis bin ich tatsächlich so eine Art Hofdirektorin, aber eigentlich bin ich die Trainerin.“

Bellabel betrachtete sie verstohlen von der Seite. So streng wirkte sie gar nicht.

„Du wirkst traurig“, sagte sie jetzt zu Bellabel. Und tatsächlich kullerten plötzlich Tränen über deren Gesicht.

„Ich suche einen Prinzen und hier gibt es keine echten Prinzen mit blauem Blut. Nur im Training“, seufzte Bellabel.

„Du hast recht“, sagte die Trainerin, „Meine Mädchen trainieren so lange, bis sie sagen, ihr Blut sei schon blau gefroren. Das sagen sie aber nur aus Spaß. Sie wollen alle Eisprinzessinnen werden, und die Jungs Eisprinzen.“ Aus ihrer Handtasche wühlte sie ein Taschentuch und reichte es Bellabel.

„Habt ihr viele Eisprinzessinnen in Chemnitz?“, fragte Bellabel, neugierig geworden. Sie wischte sich die Tränen mit dem Taschentuch ab.

Die Trainerin zählte auf: „Hier haben sehr viele Prinzessinnen und Prinzen trainiert. Sie heißen Gabi, Anett, Sabine, Katarina, Mandy und Aljona und bei den Jungs waren es auch schon Ingo, Axel, Tassilo, Robin oder Jan. Sie sind berühmt auf der ganzen Welt.“

„Deshalb bin ich ja zur Eishalle gekommen. Aber die Jungs sind alle böse auf mich, weil ich in ihre Finger gepikt habe“, seufzte Bellabel.

„Na, das macht man auch nicht“, tadelte die Trainerin.

„Aber es muss blaues Blut sein, sonst kann ich nicht heiraten!“ Bellabel weinte schon wieder. „Heirate ich keinen Prinzen, sondern einen aus meinem Volk, mischt sich gelbes Blut und blaues Blut zu einer grünen Masse und daraus entsteht kein neuer Prinz oder eine Prinzessin, sondern ein Baum. Dann wird mein Land unregierbar!“ Damit sprang sie auf und rannte davon.

Verdattert bliebt die Trainerin auf der Bank zurück. Hatte sie das Gespräch nur geträumt, während sie auf der Parkbank saß und die Augen ein wenig geschlossen hielt – oder war dieses hübsche Mädchen ein bisschen verrückt?

Bellabel lief zum Kosmonautenzentrum zurück, wo ihr Raumschiff stand. So schnell wie möglich wollte sie nach Hause. In ihren Taschen suchte sie nach dem Transponderschlüssel für ihr Raumschiff. Doch der war weg! Sie musste ihn verloren haben, als sie durch den Park gerannt war. Mittlerweile war es zu finster, um danach zu suchen. Ihr fiel ein, dass der Bordcomputer sie vor der langen Nacht auf der Erde gewarnt hatte. Auf Beta13 war die Nacht nur zwei Stunden lang und es wurde dadurch nie richtig kalt. Wie sollte sie die Nacht überstehen? Sie blickte sich um. Die große silberne Rakete stand offen. Sie kroch hinein. Das war gar keine richtige Rakete. Flugtechnik gab es nicht, eine Heizung auch nicht. Bibbernd hockte sich Bellabel in einen Winkel und konnte sich bald vor Kälte nicht mehr rühren. Immer kälter wurde ihr; sie drohte zu erfrieren.

Nicht wach und nicht träumend begannen ihre Gedanken zu kreisen. Ach, wäre ich doch auf Beta13, dachte sie. Wäre ich doch nicht so garstig mit allen Prinzen gewesen. Wäre ich zu den Treffen der Prinzen und Prinzessinnen gegangen und hätte gelernt, was wichtig ist. Wäre ich doch ein wenig netter zu allen gewesen. Heiße Tränen krochen ihre Wangen hinab und erstarrten zu Eis.

Sie erwachte.

In einem Schlafsessel.

In einem warmen Raumschiff!

Aber Bellabel war so erschöpft, dass sie den jungen Mann nicht erkannte, der neben ihr im Sessel saß. Sie schlief wieder ein.

Es war Bellapaul. Der junge Prinz hatte wie alle anderen Bewohner von Beta13 die schöne Prinzessin gesucht, die so plötzlich spurlos verschwunden war.

Der alte König hatte den scharfen Ton seiner Tochter gegenüber sofort bereut. Die Königin machte ihm heftige Vorwürfe. Er bat Bellapaul, den Jahrgangsbesten unter den Prinzessinnen und Prinzen, um Hilfe bei der Suche nach seiner Tochter und versprach sie ihm zur Frau. Bellapaul war sofort bereit, Bellabel zu suchen. Das Angebot des Königs

lehnte er jedoch ab. „Die Prinzessin liebt mich nicht. Sie muss selbst entscheiden, wen sie heiratet. Vielleicht hat sie einen anderen Prinzen gefunden."

„Das glaube ich nicht", murmelte der König. „Mit ihrer überheblichen Art wird sie keinen finden. Daran sind wir schuld. Wir hätten uns um sie kümmern sollen, statt die Verantwortung für ihr Erziehung dem Hofmeister zu übertragen."

Bellapaul setzte alles in Bewegung, Bellabel zu finden. Da ihr Raumschiff verschwunden war, musste sie damit unterwegs sein. Bellapaul durchforstete alle Bordcomputer, mit denen Bellabels Raumschiff kommunizierte. Schließlich wurde er fündig und startete die Rettungsaktion nach Chemnitz. Eile war geboten, denn nachts wurde es dort bitterkalt. Gerade rechtzeitig fand Bellapaul die Prinzessin in der alten Rakete, zusammengesunken und halb erfroren.

Bellabel erwachte nun richtig und erkannte Bellapaul an ihrer Seite. Eine solche Wärme strahlte er aus, dass Bellabel ihn umarmte.

„Ach Bellapaulchen", seufzte sie. „Du hast mich gerettet, obwohl ich so gemein zu dir war. Zum ersten Mal in meinem Leben sage ich dankeschön!"

Sie erreichten Beta13 und wurden dort freudig begrüßt. Von da an verbrachten die beiden viel Zeit miteinander und unterhielten sich: über ihren Planeten, das Weltall und die Erde. Bellabel, die nicht nur schön war, sondern auch klug, beschloss, den Unterricht nachzuholen, den sie all die Jahre verschmäht hatte. Nichts hätte den Hofmeister glücklicher machen können.

Fast ohne, dass sie es merkte, verliebte sich Bellabel in Bellapaul. Und so kam es, dass der klügste Prinz und die klügste Prinzessin doch noch heirateten. Ganz freiwillig. Gemeinsam reisten sie noch einmal nach Chemnitz, um sich das Märchen auf dem Eis anzuschauen. Sie mischten sich unter die vielen hundert Zuschauerinnen und Zuschauer, die von all dem nichts ahnten.

Carolin Kaufhold

Das Wesen von Chemnitz

Einst lebte ein besonderes Wesen in unserer Stadt. Es war gutmütig, hatte ein dickes, weiches Fell, das so türkisblau schimmerte wie die Federn der Eisvögel, die entlang der Chemnitz in Höhlen wohnen. Seine Mähne und der lange Schweif waren so bunt wie die Farben des Schornsteins, der die Stadt überragt. Sein Schnabel war so spitz und lang wie die der Reiher, die auf der Schloßteichinsel brüten. Seine Flügel waren so weiß wie die der Schwäne, die auf dem großen Teich im Stadtpark schwimmen. In seinen glitzernden Augen konnte man sich spiegeln, wie in den Brunnen am Neumarkt.

Meist war das Wesen gut gelaunt. Anmutig tänzelte es über die durchwurzelten Stolperpfade im Zeisigwald, tauchte wie die Wildenten im Schloßteich nach kleinen Elritzen oder flog flussabwärts über die Chemnitz: mal ganz nah an der Wasseroberfläche, mal über die Brücken hinweg. Am liebsten aber saß es in seinem Nest im Zeisigwald, weit oben auf einer alten Eiche. Dort, weit über der Stadt, fühlte es sich am wohlsten. Abends ließ es den Blick über Chemnitz schweifen, schaute so lange auf die beleuchteten Fenster der nahen Plattenbauten, bis es Muster darin entdeckte. Wenn das Licht in den Fenstern erlosch, schloss auch das Wesen seine Augen. Morgens wurde es vom Gezeter der Buchfinken geweckt. Dann ließ es sich aus dem Nest fallen. Kurz bevor es auf dem bemoosten Waldboden aufschlug, stieg es mit kräftigem Flügelschlag wieder auf, tauchte zwischen den Baumwipfeln empor und ließ sich von den Fichtenspitzen am plüschigen Bauch wachkitzeln.

Das geflügelte Wesen war für die Menschen der Stadt unsichtbar, denn sie sahen nicht richtig hin. Wenn es über Chemnitz hinwegflog, sahen die Leute in ihm einen Vogel. Wenn es im Schloßteich untertauchte, sahen sie in ihm eine Ente, und wenn es durch Zeisigwald, Küchwald oder Rabensteiner Wald galoppierte, sahen sie in ihm ein Reh. Wenn es den Schornstein umkreiste, sahen sie es dank seiner vielen Farben gleich gar nicht. Die Menschen waren so sehr daran gewöhnt, das Alltägliche in ihrer Stadt zu sehen, dass sie das Besondere nicht wahrnahmen.

Ihr Verstand täuschte die Chenmitzer so, wie er dich vielleicht eben über den Schreibfehler hinwegsehen ließ.

Eines Tages hopste das geflügelte Wesen auf seiner Morgenrunde entlang der Inneren Klosterstraße auf den großen Platten rückwärts zur Jakobikirche, um dann seinen langen Schnabel in den aus dem Boden schießenden Wasserfontänen auf dem Vorplatz auszuspülen. Zähneputzen konnte es schließlich nicht. Aus den Küchen der umliegenden Restaurants wehte ein verführerischer Duft. Da merkte das Wesen, wie hungrig es war. Über die Dächer flog und sprang es bis zum Balkon der Galerie Roter Turm. Es war Markttag. An einem Stand sah es saftige Ananas liegen. Genau die richtige Vorspeise. Arglos flog es vom Balkon auf den Markt und spazierte in Richtung des Standes – hinein in sein Unglück, das mit einem Schrei begann und hinter Gittern endete.

Inmitten der Schnäppchenjäger und Schaufensterbummler auf dem Neumarkt stand ein kleiner Junge, keine drei Jahre alt. Er schrie und riss sich los von der Hand seines Vaters, rannte durch die Reihen der Obst-, Gemüse- und Blumenstände, schnurstracks auf das geflügelte Wesen zu. Dort blieb er stehen, um mit dem Finger im dicken türkisblauen Fell des Wesens zu bohren, ganz so, als wollte er prüfen, ob das, was er da vor sich sah, echt sei. Kurz darauf hatten seine Eltern ihn eingeholt. Sie erstarrten, denn nun sahen sie, was ihr Sohn gesehen hatte.

Er hatte offene Augen für das, was die Menschen bis dahin nicht gesehen hatten. Woran das lag, ließ sich später nicht mehr sagen. Sicher ist, dass nach ihm auch seine Mutter und sein Vater, dann die Gemüseverkäuferin, nach und nach alle Marktgäste und später die Zeitungsreporter aus der Brückenstraße plötzlich sehen konnten, was der kleine Junge sah: ein geflügeltes Wesen mit buntem Flauschfell.

Das Wesen begriff nur langsam, dass sich all die Menschen nicht wegen der saftigen Ananas am Marktstand versammelten. Der Andrang, das Geschrei und der Anblick der vielen Handys verdarben ihm den Appetit. Starr stand es da und gab keinen Ton von sich, während alle anderen immer lauter und hektischer wurden. Ein Entkommen war nicht mehr möglich.

Obwohl das Wesen ungefährlich schien, wollte man es nicht ziehen lassen. Nie zuvor hatte jemand ein solches Wesen gesehen. Das machte es so gefährlich wie wertvoll. Ein herbeigerufener Tierarzt betäubte es mit einem Pfeil.

Als das Wesen aufwachte, fand es sich im Tierpark, eingezwängt in einen Käfig, der für ein Raubtier gebaut worden war. Morgens gab man ihm Heu, wie einem Pferd. Schließlich hatte es Hufe, Schweif und Mähne. Zum Fliegen war im Käfig kein Platz. Zum Tauchen hatte es kein Wasser.

Niemand machte sich die Mühe, es einmal danach zu fragen, was es war und was es wollte. Viel hätte es zu erzählen gehabt. Denn sprechen konnte das Wesen durchaus.

Doch so blieb es stumm.

Von morgens bis abends stand es nun hinter Gittern und schaute den Menschen zu. Es vermisste das Fliegen, sein Nest in den Baumwipfeln und besonders die Freiheit, zu tun und zu lassen, was es wollte. Was es im Tierpark sollte, verstand es nicht. Es wurde zu einer von vielen Attraktionen im Tierpark. Und über die Jahre veränderte es sich. Lag es am vielen Heu oder am Leben hinter Gitterstäben – jedenfalls glich es mehr und mehr den Pferden auf der Koppel gegenüber. Immer weniger Leute kamen, um sich das seltsame Wesen anzuschauen, dessen Flügel und Schnabel zunächst kaum noch und bald gar nicht mehr zu sehen waren. Auch die Farben seiner prachtvollen Mähne, des Schweifes und des Fells verblassten. Irgendwann wusste niemand mehr, wieso es überhaupt im Tierpark ausgestellt wurde und nicht einfach bei den anderen Pferden auf der Koppel stand. Und so passierte es, dass ein Tierpfleger das Gitter des Geheges öffnete und das Wesen auf die Koppel lies.

Dort genoss es nach all den Jahren der Enge die Weite der Wiese, das saftige Gras und die Gesellschaft der anderen, mit denen es herumtollte. Es sammelte neue Kraft, und eines Tages breitete es seine Flügel aus und hob ab. Obwohl viele Menschen im Tierpark umherwanderten, fiel das fliegende Wesen niemandem auf. Niemand vermisste es.

Nie wieder wurde das Wesen in Chemnitz gesehen. Für die Menschen der Stadt war es wieder unsichtbar. Wenn es über die Dächer flog, sahen sie in ihm einen Vogel; wenn es im Schloßteich untertauchte, sahen sie in ihm eine Ente und wenn es durch Zeisigwald, Küchwald oder Rabensteiner Wald galoppierte, sahen sie in ihm ein Reh. Wenn es den Schornstein umkreiste, sahen sie es dank seiner vielen Farben gleich gar nicht mehr.

Christine Beyer

Das Teppichhexlein

Ina war ein kleines Mädchen mit einer lustigen Stupsnase, um die herum kecke Sommersprossen wuchsen. Ihre blonden Haare ringelten sich zu Löckchen. Sie wünschte sich nichts sehnlicher als lange Haare. Es war nämlich so: Immer, wenn sie an den Ringellocken zog, reichten sie ihr schon bis zur Schulter. Ließ sie die Haare aber los, schwupp, schnappten sie wie ein Gummiband bis zu den Ohren zurück. Es war zum Verzweifeln. Zum Schulanfang Ende August wollte Ina unbedingt einen langen Zopf flechten. Und es war schon Juni. Im großen Spiegel im Flur betrachtete sie ärgerlich ihre Locken. Auch wenn sie ständig daran zupfte, sie waren kein bisschen gewachsen!

„Papi, was muss man eigentlich essen, damit die Haare schneller wachsen?“

Ihr Vater stand schwitzend

in der Küche und bereite das Mittagessen vor. Er steckte den Kopf in den Flur. „Rote Bete“, rief er und lachte.

„Igitt“, rief Ina, denn Rote Bete mochte sie gar nicht leiden. „Ach Papi, ich meine doch wirklich, ganz im Ernst!“

„Ina, man muss eben einfach Geduld haben!“

Ina seufzte tief, schaute noch einmal in den Spiegel und streckte sich die Zunge heraus. Brummig setzte sie sich zu Papa in die Küche. Es war fast Mittagszeit. Das Sauerkraut duftete und im Kartoffeltopf gurgelte leise das Wasser. Vier dicke Bratwürste lagen auf einem Teller und warteten darauf, braun gebrutzelt zu werden.

„Gibt's auch Nachtisch?“, fragte Ina. Schmunzelnd stellte Papa eine Schüssel mit frischen Kirschen auf den Tisch. Die hatte er am Morgen vom prächtigen Kirschbaum gepflückt, der im Hinterhof des schönen alten Hauses auf dem Chemnitzer Sonnenberg wuchs und in diesem Sommer genug Kirschen für alle Nachbarn trug. Kirschen waren Inas Lieblingsobst. Sie rutschte vom Stuhl und schlich zur Schüssel. Gleich zwei Kirschen auf einmal verschwanden in ihrem Mund.

Papa zog eine Augenbraue hoch. „Die essen wir nachher zusammen! Kannst gleich mal den Tisch decken!“

Ina brummte: „Brauchen wir Löffel?“

„Willst du die Bratwürste etwa auflöffeln?“

Sie musste lachen. Das wäre lustig, würden sie die langen Bratwürste weglöffeln. Fröhlich schwenkte sie das Besteckkörbchen und verschwand damit im Wohnzimmer. Sie zog die schicke Decke vom Tisch, die nicht schmutzig werden sollte. Dabei purzelte Sophies Lieblingsflitzer zu Boden, ein kleines rotes Matchboxauto. Sophie war ihre Schwester und ging schon in die zweite Klasse. Ina klatschte in die Hände.

„Ah, heute hat sie's vergessen“, murmelte

Ina. Sonst verschwand das kleine Auto immer in Sophies Hosentasche. Jetzt konnte sie ungestört damit ein paar Runden drehen. Das Tischdecken hatte wohl noch kurz Zeit. Die Teppichkante war die Autobahn. Die beiden Kirschkerne, die Ina immer noch im Mund hin- und herrollte, nahm sie heraus und setzte sie ins Auto. Das waren die Fahrgäste.

„Achtung anschnallen!"

Der kleine Flitzer raste um die Kurven, sodass die Kirschkernfahrgäste vor Schreck aus den Sitzen kullerten. Als Ina mit dem Auto an der großen blauen Teppichblume vorbeikam, hörte sie plötzlich: „Autsch!" Sie glaubte, sich verhört zu haben und setzte zur zweiten Runde an. An der gleichen Stelle wieder: „Autsch!", schon etwas lauter. Das mussten die Zwillinge von oben sein, die sich schon wieder in den Haaren hatten. Also weiter. Bei der dritten Runde merkte Ina, dass das „Autsch" von unten kam. Sie legte sich flach auf den Bauch. Kam die Stimme nicht direkt unter dem Teppich hervor? Mit spitzen Fingern hob sie die Teppichkante an und traute ihren Augen kaum. Ein winzig kleines Hexlein, nicht größer als ein viertel Streichholz, spazierte mit wirrem grünem Haar unter dem Teppich hervor, scheltend und wie wild mit den Ärmchen fuchtelnd.

„Hat man denn nirgends seine Ruhe? Das ist ja einfach schrecklich. Erst gestern bin ich ein Stockwerk tiefer gezogen, weil diese ungezogenen Zwillinge einen Lärm machen, dass einem die Ohren klingeln. Und hier wird man fast mit dem Auto überfahren!"

Das Hexlein schimpfte und schimpfte, dass Ina der Mund offen stehen blieb. Als es einmal Luft holen musste, um sich nicht zu verschlucken, kam Ina endlich zu Wort.

„Oh, bitte entschuldige, es tut mir schrecklich leid, wenn ich dich gestört habe, aber ich kann doch schließlich nicht wissen, dass unter unserem Teppich jemand spazieren geht!"

„Was heißt hier spazieren geht. Ich wohne hier." Das Hexlein blickte nun ein wenig freundlicher. „Na, scheinst ja ein ganz nettes Mädchen zu sein! Darf ich mich vorstellen, ich bin die Teppichhexe!"

„Und ich heiße Ina!"

Neugierig betrachtete Ina das seltsame Wesen, konnte aber nicht viel erkennen.

„Du bist aber winzig!"

Das Hexlein murmelte etwas Unverständliches. Schon begann es zu wachsen und wurde so groß wie Ina. Die musterte die Hexe. In ihre struwweligen grünen Haare hatte sie sich eine quietschgelbe Schleife gebunden. Sie trug ein knallpinkes Kleid mit einer großen Tasche vor dem Bauch, in der viele bunte Garnrollen steckten. An den Füßchen trug sie viel zu große blaue Schnürstiefel, wobei der rechte Stiefel breit wie ein Entenfuß, der linke aber spitz wie eine Hühnerkralle war. Beinahe hätte Ina laut gelacht, aber sie biss sich auf die Lippen.

Zögernd fragte sie: „Und was machst du so den ganzen Tag?"

„Na was wohl, ich nähe!"

„Und was? Puppenkleider?"

„Puppenkleider, Puppenkleider. So etwas näht doch jede gewöhnliche Hexe. Ich nähe Geschichten. Chemnitzer Geschichten!"

Nun musste Ina doch lachen. „Ha, du willst mich wohl veräppeln? Geschichten kann man doch nicht nähen. Man kann sie lesen, schreiben, erzählen, sogar malen ... Aber nähen, nein, das geht nun wirklich nicht!"

„Du glaubst mir nicht? Kannst mich ja mal besuchen und zuschauen!"

„Wie soll denn das nun wieder gehen?! Wenn ich mit unter den Teppich krieche, dann wird ein Riesenbuckel und Tisch und Stühle fallen um!"

„Wozu bin ich eine Hexe? Ich könnte dich ganz klein zaubern!" Das Hexlein griff in seine Tasche und angelte zwischen den Garnrollen ein Zauberstäbchen heraus. Ina erschrak.

„Ja, ich weiß nicht, kannst du mich dann auch wieder vergrößern, so wie ich jetzt bin?"

„Na, so etwas, hast du etwa Angst?"

„Quatsch!", behauptete Ina. Ihr wurde aber doch komisch, als das Hexlein das Zauberstäbchen an ihren großen Zeh hielt und sprach:

„Zicke, zacke Hühnerbein, Ina wird jetzt klitzeklein!"

Sofort begann Ina zu schrumpfen, wurde kleiner und kleiner, bis sie nur noch so groß wie ein viertel Streichholz war. Gleichzeitig schrumpfte sich auch die Hexe auf die gewohnte Größe. Sie nahm Ina an die Hand und schlüpfte mit ihr unter den Teppich.

War denn das möglich?

Sie standen in einem Stübchen, viel kleiner als ein Puppenhaus. Schränkchen, Tischchen, zwei Stühlchen, ein Himmelbett mit blauen Sternenbezügen, ein bequemer Lehnstuhl und in der Ecke eine uralte Nähmaschine – alles war ziemlich altmodisch, aber sehr gemütlich.

„So, genug geschwatzt. Ich habe noch viel zu tun, die Kinder wollen Geschichten haben!" Das Hexlein setzte sich auf ein

Stühlchen, das mit einem dicken, rotkarierten Kissen gepolstert war und begann, in der Garnrollentasche ihres Kleides zu kramen. Ina hatte es sich auf dem alten Lehnstuhl neben der Nähmaschine bequem gemacht. Sie schaute gespannt zu, wie die Hexe Garn in verschiedenen Grau-, Braun- und Rottönen einfädelte. Rasch wechselte sie Farben und Rollen, trat mit dem Entenfußschuh kräftig das Pedal der alten Nähmaschine. Staunend sah Ina zu, wie sich vor dem Hexlein ein weiter Platz ausbreitete, mit Häusern drumherum. Ina kniff die Augen zusammen. Das kam ihr bekannt vor – und auch wieder nicht.

„Das sieht aus wie der Chemnitzer Markt. Aber irgendwie anders ...“, murmelte sie. Die Hexe lächelte, nickte, sagte aber nichts. In Windeseile hatte sie mit hellblauem Garn noch einen strahlenden Sommerhimmel genäht, und ein Bächlein, das sich über den Markt wand. Nun war Ina vollends verwirrt. Das Hexlein schien das zu bemerken.

„Das ist der Chemnitzer Markt – so, wie er vor vielen hundert Jahren ausgesehen hat. Sogar ein Bach floss damals mitten durch.“

Vor Ina entspann sich nun ein mittelalterliches Markttreiben. Fasziniert betrachtete sie die winzigen Menschen in altertümlicher Kleidung, die zwischen den Häusern herumwuselten, bis zur Stadtmauer. Durch vier prächtige Tore strömten die Menschen hinaus und hinein.

„Vier Tore gab es damals, vor 600 Jahren“, sagte das Hexlein. „Johannistor, Chemnitzer Tor, Nikolaitor und Klostertor hießen sie. Leute, die in die Stadt wollten, mussten dort dafür etwas bezahlen. Irgendwann begann das alles zu verfallen, neue Gebäude entstanden. Heute sieht man nichts mehr davon, nur die Straßennamen erinnern noch daran.“

„Und den Roten Turm gibt es noch!“, rief Ina.

„Genau. Auch er war einst Teil der Stadtmauer, obwohl er sogar noch älter ist.“

Ina versuchte, sich die vielen hundert Jahre vorzustellen, die seitdem vergangen waren. Es gelang ihr nicht. Wenn Mama und Papa von Dingen aus ihrer Kindheit erzählten, kam ihr das schon vor wie eine längst vergangene Zeit. Überhaupt war es schwer, sich vorzustellen, dass die Eltern einmal Kinder gewesen sein sollten. Wie alt wohl das Hexlein war? War es als Hexenkind gar durch den Bach auf dem Markt gesprungen?

Die Hexe lächelte, als hätte sie Inas Gedanken erraten. Sie suchte nun weißes Garn heraus und begann, damit eine Wolke zu nähen. Weil aber das weiße Garn in der Schürzentasche schmuddelig geworden war, wurde eine dicke Regenwolke daraus. Ärgerlich bremste das Hexlein mit dem Hühnerkrallenschuh, damit die Regenwolke nicht noch größer würde. Da war es aber schon zu spät. Kleine freche Regentropfen kletterten aus der Wolke und begannen, wie wild darauf herumzuhopsen. Sie schlugen Purzelbäume, schubsten sich und lärmten, dass sich die Hexe die Ohren zuhielt, Ina fand die kleinen Kerle putzig, denn sie hatte noch niemals Regentropfen mit Beinen gesehen.

„Na wartet, ihr Lümmel“, rief das Hexlein erbost. „Gleich wird Ruhe werden!“

Mit dunkelgrauem Garn nähte sie einen kräftigen Sturm, der mit aufgeblasenen Wangen gegen die Wolke blies. Erschrocken drängten sich die Regentropfen zusammen und hielten einander fest. Der Wind blies noch stärker, sodass die Wolke auseinanderriss. Die verängstigten Regentropfen schauten nach unten. Einige begannen zu weinen. Das Hexlein rieb sich vergnügt die Hände.

Ina bettelte: „Ach, lass sie doch nicht hinunterfallen, sie sind doch noch so klein. Sieh nur, sie haben Angst!"

„Und was nun?"

Ina griff in ihre Hosentasche und holte das Matchboxauto hervor. Die abgeknabberten Kirschkerne klebten noch in den Sitzen. Sie stellte das Auto auf die Nähmaschine.

„Damit können wir sie retten. Du musst nur eine Straße nähen!"

„Was denn, eine Straße in den Himmel?" Das Hexlein schaute ratlos. Dann tippte sie sich mit dem Finger an die Stirn, holte sämtliche Garnrollen aus ihrer Tasche und fädelte alle Farben gleichzeitig ein. Wie wild begann sie mit dem Entenfußschuh zu treten und es entstand ein herrlicher Regenbogen. Das Hexlein schwitzte, als es endlich mit dem Hühnerkrallenschuh bremste. Nun wusste Ina auch, warum die Hexe zweierlei Schuhe trug: Der Entenfußschuh war zum Treten, der Hühnerkrallenschuh zum Bremsen. Eine zarte Berührung mit dem Zauberstab ließ den Kirschkernen Arme und Beine wachsen. Auf ihren Kugelköpfen trugen sie jetzt Schirmmützen. Verwundert schauten sie aus Kulleraugen zu Ina.

„Los, Jungs, jetzt seid ihr dran. Holt die Regentropfen herunter und passt auf, dass ihnen nichts geschieht!"

Die Kirschkernfahrer nickten. In rasender Fahrt ging es den Regenbogen hinauf. Erleichtert kletterten die Regentropfen in das kleine Auto. Jeder drängelte und schubste, wollte der erste sein. Die letzten hängten sich an den kleinen Flitzer und schlitterten in einer langen Reihe lachend zur Erde. Am Bächlein angekommen, bremste das Auto so stark, dass die Reifen quietschten. Kopfüber sprangen die Regentropfen ins Wasser. Die Kirschkernfahrer schwenkten zum Abschied ihre Mützen. Erschrocken schaute das Hexlein in die Garntasche.

„Oh weh, nun habe ich für deinen Regenbogen mein ganzes buntes Garn verbraucht!"

„Das macht doch nichts, meine Oma hat einen ganzen Korb voll bunter Garnreste, die bringe ich dir nächstens mit!"

Freudig schaute das Hexlein Ina an. „Heißt das, ich darf hier wohnen bleiben?"

„Klar, ich würde mich freuen!" Eine Hexe zur Freundin zu haben, könnte sicher nützlich sein, dachte Ina. Da hörte sie wie aus weiter Ferne Papa rufen.

„Ist der Tisch endlich gedeckt?"

Oje, das hatte sie in der Aufregung ganz vergessen. Was, wenn Papa gleich ins Wohnzimmer kommen und sie nicht finden würde? Wie sollte sie das erklären?

„Bitte, kannst du mich ganz schnell wieder groß zaubern?"

Das Hexlein zog das Zauberstäbchen heraus, berührte Ina und sprach:

„Zicke, zacke Hefekloß, Ina wird nun wieder groß!"

Schnell kroch Ina unter dem Teppich hervor, wurde größer und größer und legte in Windeseile das Besteck zurecht. Da kam auch schon Papa mit den dampfenden Tellern ins Zimmer und stellte sie auf den Tisch. Im Vorbeigehen betrachtete er Inas Jeans, die ein ganzes Stück zu kurz waren. Er schüttelte den Kopf.

„Wie du nur wächst, bald brauchst du schon wieder neue Hosen."

Ina sah an sich hinab. Hatte das Hexlein sie etwa größer gezaubert? Na, das machte auch nichts. Ein Gedanke durchzuckte sie. Sie rannte zum großen Flurspiegel und zog an ihren Locken – waren die nicht ein klitzekleines Stück länger geworden? Freudig hopste Ina um den Tisch herum und kicherte in sich hinein. Da bemerkte sie, dass sie Sophies rotes Auto noch in der Hand hielt. Zwei klebrige Kirschkerne lagen darin. Der Zauber war vorbei.

Nun hatte Ina ein großes Geheimnis. Niemandem hat sie davon erzählt.

Nur du kennst es jetzt.

DIE MACHERINNEN & MACHER

Michelle Ludwig

Foto: Sophie Uloth

Michelle Ludwig ist in Chemnitz geboren und aufgewachsen. Nachdem sie zwischenzeitlich mit ihrer Familie in Lunzenau gelebt hat, kehrte sie 2013 nach Chemnitz zurück. Sie lebt mit ihrem Mann, drei Kindern und zwei Hunden in Grüna und holt ihr soziales Fachabitur an der FORTIS-Akademie nach. Anfang 2023 begann sie als Praktikantin beim Claus Verlag und arbeitet inzwischen bei einigen Projekten mit. Schon als Kind hat sie sich gerne Geschichten ausgedacht und aufgescheschrieben. Mit „Wim und die Teichjungfrau“ wird ihre erste Geschichte veröffentlicht.

Marian Kretschmer – Illustrator

Foto: Marian Kretschmer

Marian Kretschmer, geboren 1983 in Karl-Marx-Stadt, arbeitet seit 2007 freischaffend als Illustrator und Maler. Nach Aufenthalten in Afrika und einem Gaststudium 2011 an der Hochschule für Grafik und Buchkunst Leipzig, lebte und arbeitete er zunächst in der Schweiz, später in Dresden und seit 2019 wieder in Chemnitz. Der Schwerpunkt seiner Arbeit liegt in der „persona grata“ – dem Konzept der Nächstenliebe, des „Sich Findens“ im Anderen – reflektieren im Gegenüber. In den vergangenen fünf Jahren arbeitete er an einer GraphicNovel über das Leben von Stefan Heym.

Werner Kempe

Foto: Werner Kempe

Werner Kempe wurde 1957 in Auerswalde geboren. Nach der Grundschule machte er sein Abitur und studierte nach der Armeezeit an der Technischen Hochschule Chemnitz. Danach war er 20 Jahre Lager- und Archiveinrichter und ist seit 2001 als Handelsvertreter für Braut- und Festmoden unterwegs. Er ist verheiratet und hat zwei Töchter. Ein- oder zweimal im Jahr läuft er einen Marathon, aber langsam. Seit Kurzem schreibt er Geschichten.

Carolin Kaufhold

Foto: Carolin Kaufhold

Für die gebürtige Erfurterin Carolin Kaufhold beginnen die schönsten Geschichten dort, wo Kinder sich auskennen. Ihr Märchen spielt nicht nur direkt vor unser aller Haustür, sondern handelt auch von Chemnitz. Entstanden ist die Geschichte vom Wesen von Chemnitz an einem Abend im dunklen Kinderzimmer erst als Hör-, dann als Lesefassung.

Christine Beyer

Foto: Lutz Beyer

Christine Beyer wurde 1939 in Rabenstein geboren und arbeitete bis zu ihrer Rente als Erzieherin in Hohenstein-Ernstthal und Karl-Marx-Stadt (später Chemnitz). Sie hat einen Sohn und zwei Enkel. Schon als Kind schrieb sie gern Briefe. Mit ihren Kindergartenkindern spielte sie gern Zirkus und Theater und erfand für sie Geschichten. Einige davon schrieb sie auf, unter anderem die vom Teppichhexlein, das die Kinder immer am liebsten mochten.

Das Chemnitzer Märchenbuch
mit Illustrationen von Marian Kretschmer
„Wim und die Teichjungfrau“ von Michelle Ludwig
mit drei Bonusgeschichten:
„Das Märchen von der schönen Prinzessin Bellabel“ von Werner Kempe
„Das Wesen von Chemnitz“ von Carolin Kaufhold
„Das Teppichhexlein“ von Christine Beyer

1. Auflage Dezember 2023
Lektorat: Ulrike Abraham

ISBN: 978-3-9824583-7-3

CHEMNITZ
KULTURHAUPTSTADT
EUROPAS 2025

Herausgeber:
Stadt Chemnitz - Der Oberbürgermeister
Markt 1, 09111 Chemnitz
www.chemnitz.de
geschichten@stadt-chemnitz.de

www.edition-claus.de
edition
claus
Der Verlag
mit dem Drachen.

Verlag:
Glaus Verlag GmbH
Zum Lindenhof 9
09212 Limbach-Oberfrohna
Deutschland
www.claus-verlag.de
www.facebook.com/buechermittragweite
www.instagram.com/editionclaus/
twitter.com/clausverlag

Druck:
FINIDR, s.r.o.
Lípová 1965
737 01 Český Těšín
Česká Republika